JN439856

어제 비가 내렸기 때문입니다

강수경 시집

문학의전당 시인선
0332

어제 비가 내렸기 때문입니다

강수경 시집

문학의전당

시인의 말

오랫동안 칩거에 들었던 영혼이
먼지를 뒤집어쓴 생각의 뿌리를 더듬으며
펜을 세운다.

설탕가루처럼 달콤한 눈 위에서
나는 지금 열렬히
생을 수혈 중이다.

2020년 범박골에서
강수경

차례

제2부

제3부

제4부

제1부

명인과 범인

움켜쥐고 있는 것들을 하나씩 놓기 시작하면서
미쳐갈 수 있었다고 말한다
명인이 된 그녀는

사람 노릇하며 살아갈 날을 살펴
그래도 쥐고 있어야 한다고 말한다
평범한 나는

목숨보다 귀한 것이 있어서
달빛에 뒤척이며 밤을 보낸 적 있다

폴폴 먼지만 날리다
폭삭 내려앉을 것만 같아
어차피 그럴 바엔 하나씩 내려놓을까
하나씩 버릴까
하나씩 잊을까

잃을까 두려운

소리 사이의 소리

새로운 노래를 부르다 보면
반음 올림과 맞닥뜨리게 되는
마음 약한 반음 내림
혹은 삶이 절박한 올림 그리고 제자리

소리들이 머뭇거리며 서성이는 사이
탈선하고
엿가락처럼 늘어지고
끊기고

주저주저 뒷걸음치지 말고
독주하지 말고
울림통을 열어 기꺼이 노래하자

긴장이 흐르는 오선 위에
사성부의 색깔이 살아있는
한 음 한 음, 숨은 음까지

귀를 기울이고 정성을 다하는 것은
진정 아름다운 노래가
거기에 있기 때문인데

쉿! 들어라
소리 사이의 소리를

중립의 초례청*에서

창밖에선 가을 풀벌레 소리 깊어가고
유스호스텔 복도에선 작가들 소리 왕왕
반백년 전 세상을 달리한 시인을 기리는 밤
껍데기를 찢고 알맹이를 간절히 원했던
쇠항아리를 깨부수고
민족을, 노동자, 농민,
무산자(無産者)들의 삶을 따뜻한 시선으로 노래한
맑고 투명한 눈빛의 시인과 함께하는 이 밤
나는 어떤 시를 노래하려 하는가
홀로 섬처럼 떠 있는 이 밤
지구라는 별에서 수면 위로 나와 있으니
다행인지 불행인지
어떻게 살아야 하고 무엇을 써야 할지
의도하지 않으나 자발적으로
내 안에서 발화하여 발현되어야 함을
간절히 기도하는 밤
늘 깨어 있어야 한다는 것
맑은 정신과 호흡으로 시를 써야 한다고

이 밤
귀뚜리가 여치가 내 귀에 대고 끊임없이 읊조린다
시상을 잉태하고 가꾸는 일을
게을리 하지 않기를 소망하는 밤
새벽이 되도록 멈추지 않는 기타 연주
끊이지 않는 노래,
시인의 혼을 위로하는 밤
모두의 혼을 깨어 있게 하는 이 밤

---

* 신동엽 시인의 시 「껍데기는 가라」 중에서.

양심에 대한 예의

세상에 빚을 지고 있는 거 같아
술잔 기울이는 일이 잦고
묵직한 것이 가슴에 매달려 훌쩍,
훌쩍이는데

누군가는 망루에 올라 목청을 높였지만
범람하는 소음 속에
절실함은 죽어갔고

통곡의 바다에 던져진 어린 국화꽃 지고
피는 일 없는데
컴컴한 속을 바라보는 건
남겨진 자에겐 살아도 산 것이 아닌 일

오직 휴대폰 불빛만이 째깍째깍 발걸음을 재고
칠흑 같은 자본의 아가리로 심장이 갈리어 들어간 청춘
그 청춘을 앞세운 어머니는
'위험의 외주화'를 막기 위해

슬픔의 동굴로도 들지 못하는데

참 세상 참 노동을 외치며
더러운 적폐와 괴물 같은
거대 자본주의에 침을 뱉는 투사들 앞에
작은 촛불 밝히며 함께하는 것은
더불어 사는 삶이
적어도 부끄럽진 말자는 것인데

노을의 속삭임

들릴 듯 말 듯 그래서 환청인가 했다
도시 생활이란
저무는 해를 쬐는 구름의 소리를
미처 알아듣지 못하는 것

오만한 건물들 가당찮은 차들의 소음
입만 열면 살기 위해서라는 변명과
서로 상처를 덧내고 모른 척하는 사람들
소음의 폭력 앞에 무릎을 꿇는다

피로로 충혈 된 눈빛 화살을 맞고
하늘과 땅 사이 고스란히 내장을 드러낸 구름
피를 흘리며 낭자하게 번진다
고통스럽다고 했을까
막힌 혈이 뚫려 시원하다 했을까
분명 무어라 속삭였는데

주의를 기울이지 못한 건 나의 부주의

그녀 목소리에 귀를 기울이지 않은 건
언제나 그 자리에서 속살거릴 거라 생각한 어리석음

지금은,
조용히 귀를 기울일 시간

마늘 먹는 호랑이

조금 먹고 조금 싸며 살겠다고
직장을 뛰쳐나간 동료가 있었지
회사를 나간 그는
끝내 다른 회사에서 마늘만 먹고 있다는데

참는 자에게 복은 온다고
오래도록 참았지만 여전히 마늘만 먹고
하고 싶은 일보다 해야 할 일을 하며
정해진 시간에 지문을 찍고

맘껏 숲을 누비고 싶은데
그렇게 살면 사람 되긴 영 그른 건지
사람이 될지 안 될지 모르면서
마늘만 먹고

그런데 동굴을 뛰쳐나간 호랑이는
어떻게 되었대?

전쟁터에서 피운 꽃

죽음 앞에 수억만 개의 전사들
전쟁에선 승자만이 전리품을 취하는 법

지구의 탄생 달의 탄생 온 우주의 탄생에서
보도블록 틈 풀 한 포기까지
전쟁은 끝나지 않았다

많은 피를 흘렸고
처참히 죽고 또 살아난
우리는, 전사인 동시에 전리품

무엇과의 전쟁이었는지
누구와의 전쟁이었는지
지금은 어떤 전쟁터에 있는지

그저 작은 전리품 하나씩 모으며
씩 한번 웃음지어 보는
나는, 전사인 동시에 전리품

몸을 구겨 넣다

지난밤 만신창이로 구겨진
중년 사내가 게워놓고 간
넋두리를 쪼아 먹고
사치와 허영의 잔여물이 모인
음식물 쓰레기통 주변에서
고개를 주억거리는 비둘기들

평화를 약속하던 결연함은 어디로 갔는지
월계수 잎을 물고 비상하던
날개는 더 이상 비상을 꿈꾸지 않고
문명의 언저리를 배회한다

비루한 찌꺼기를 먹고 나온 배설물
버스정류장 표지판을 녹이고
보도블록을 녹이고
대책 없이 궁색한 영역을 표시하며
독하게 살아있다

저기, 밥줄 버스가 위풍당당 온다
먼저 타려고 몰려드는 사람들
이미 빽빽한 버스 안
그 틈으로 재빨리 구겨 넣어야 한다
일용할 양식을 위해

이런 빌어먹을!

바람의 집

— 낙엽을 바람의 집이라 하자

원미공원 아름드리 은사시나무 몇 그루
뜨거웠던 지난 계절의 이야기가 반짝인다
노란 은행잎들 한바탕 부는 바람을 마중하고
사선을 그으며 깊어가는 계절
서늘한 바람을 닮아 간다

도서관 아래 분수대 옆
상기된 뺨에 영혼까지 물든 단풍나무
볕 좋은 곳에서부터 자신을 비워내고
여행을 떠나는 나뭇잎들
충혈 된 눈빛들이 서로를 응시하며 바스락거린다

공원 안 낙엽을 긁어모으는 공공근로자들
점심 먹고 잔디밭에 누워 볕 바라기 한다
몇몇은 햇빛과 바람과 비를 담은 포대에 기대어
탈색된 작업복 팔로 부신 눈을 가리며 쪽잠을 청한다
몇몇은 자판기 커피를 마시며 다음 일거리 걱정으로
낯빛은 이미 겨울이다

걱정을 받아내듯 야구글러브 같은 플라타너스
낙엽들이 바람에 굴러온다
지금은 잠시 쉴 때,

제 속내를 드러내며
서로를 따뜻하게 안아 눕는
바람의 집이 굴러온다

어느 계약직 노동자의 독백

아들은
이제 막 오 개월,
뉘어놓으면 뒤집고 기어 다니려 한다

아들이 다섯 살 되어
놀이터에 모래성을 쌓아도
열다섯 살 되어
책가방에 비문들을 넣고 다녀도

나의 아버지가 그랬듯
소금꽃 핀 쉰내 나는 작업복에
구릿빛 육체를 접어 넣고
계속되는 노동으로 꿈꾸어 온 미래는
줄줄 새어 나간다

홀인원을 좇던 시선은
검붉은 석양빛에 담배를 태우던
나와 동료들의 시선을 비껴가고

한 달 노동은 하루 유희로 사라지고
바다 건너온 놀이는
우리 것이 아니다

아들은
이제 막 오 개월,
뉘어놓으면 뒤집고 기어 다니려 한다

월요일이 구른다

바퀴가 멈추지 않고 굴러간다

새들이 물어다 놓은 나뭇가지
무거운 눈꺼풀
열리지 않는 월요일 아침
조금 더
조금 더

눈썹이 바퀴를 달고 굴러간다
조심해,
돌부리에 걸려 곤두박질치면
일주일도 곤두박질칠 거야

딱따구리가 자작나무를 쪼고
일어나라고 쪼고
눈꺼풀을 쪼고

일상이 바퀴를 달고 눈을 뜬다

민달팽이

칸칸이 붙어 있는 쪽방 앞
뒤꿈치 구겨진 때 절은 신발들 흩어져 있고
물비린내 풍기는 공동 수돗가로
아스라이 달빛 비친다
가끔, 고혈이 푸르게 뚝뚝 떨어진다
달빛에 담긴 파란 바가지 구름처럼 떠 있고
물때 낀 빨간 고무대야에 붙어
아슬아슬 달빛 줄기를 탄다
달그림자 안에 고통 게우고
점액질로 몸뚱이 흠씬 적시고
바닥을 맨몸으로 오체투지하며 기어도
평생 집 한 채 질 수 없는,
음습한 영토에 유배된 상처투성이
한바탕 비라도 내리면 지난한 운명 잊기 위해
한낮 향연이 벌어지기도 하는데
기억에도 없는 어떤 부끄러움인지
여린 바람에도 제 눈을 감춘다

피의 기억

코끝을 스치는 공업용 기름 냄새가
안개처럼 퍼지는 밤
누구도 보지 못한 어둠에서
아무도 모르게 끝나버린
지난밤 사고의 전말에 대해
붉은 족적은 말이 없다

콜타르가 묻은 듯
피를 묻히고 외발자국을 찍은 그가
외발이었는지 궁금해 하는 사람은 없다
왼쪽 신발의 족적을 의도적으로 숨긴 건지
끊어짐 없는 인장으로
무엇을 다짐하려 했는지

어디에도 사건을 감추려고 한 흔적은 없다
성인 키만큼 번진 자국이
의혹을 증폭시킬 뿐
진슈퍼에 들러 담배를 사고 나온 택시기사 김 씨도

하굣길 학생들도 아무렇지 않은 듯
무심코 밟고 지나간다

코와 입을 가리고
눈과 마음까지 가린 것인지
모든 감각이 잠식되어 가는 일상은
바이러스만을 향해 의심스런 눈초리를 보낸다

사고 현장 바로 옆
선짓국 집도 그것은 대단찮은 일인 듯
씻어내지 않고
검붉은 족적만이 지난밤의 기억을 말하고 있다

시골막걸리 집

부추전김치전해물야채전계란말이오뎅탕돼지껍데기볶음도토리묵무침오징어숙회뼈없는닭발오삼볶음두부김치골뱅이소면홍어무침홍합탕동태탕김치전골해물닭매운탕삼천원부터일만오천원까지무한리필서비스미역국김치

텁텁하고 시그무레한 막걸리
찌그러진 양은 주전자에 퍼 담겨 상에 오르면
칼칼한 하루의 체증이 꺼억!
트림으로 풀린다
검지중지 잘려 나가 마디 없는 손으로 입가를 훔치는 프레스공
재봉틀 돌리는 솜씨로 막걸리 잔을 돌리는 봉제공장 미싱사들
털어내고 왔음에도 실밥이 어깨 위에서 분위기를 살피고
목구멍을 간질이는 미세먼지
왁자한 입담으로 드르륵 박힌다
안주 준비에 바쁜 주인 여자
불어터진 오징어 다리 같은 손가락 마디 옹이 지고

목 늘어난 빛바랜 검정 티셔츠는 겨드랑이 거미줄을 쳤어도
지짐이를 부치며 헤실헤실 웃는데
등록금 걱정은 나중 일
딸년 대학 수시 합격에 손놀림이 가볍기만 한
원미시장 입구 시골막걸리 집

입속에 붉은 혀가 산다

아픔 주고 눈물 흘리게 할 말
뱉어내고 후회할 말
뿌리도 갖지 말기를

우리 입맞춤이
언제나 같은 맛이 아니듯
달콤새콤 오렌지도
얼얼 매운 고추도
가리지 않고 받아들이는 잡식성
입에 맞는 것만 고집하는
간사한 편식성

나는 내 몸의 일부가 저지른 온갖 만행을 알고 있다

제2부

몸과 맘

손목에서 팔꿈치까지 한 뼘
팔꿈치에서 어깨뼈까지 한 뼘

발바닥은 한 뼘
발목에서 무릎까지 한 뼘 하고 모자라고
무릎에서 골반까지 두 뼘
골반에서 어깨뼈까지 두 뼘
얼굴 길이는 한 뼘

다 큰 몸은 더 자라지 않는다

컵라면에 대한 단상

비 내리는 날
때를 놓쳐 먹는 컵라면
창가에 서서 면발 같은 비를 보며 국물을 홀짝인다
바닥이 고르지 못한 보도블록 위에 고인 빗물
낡은 엘피판에서 잡음이 튀어 오르듯
파문이 인다
내 몸에 비 내린다

광화문에 집결했던 시위대는
최루탄에 밀려 명동골목으로 개미떼처럼 흩어졌다
눈물 콧물 만신창이로 동아리 방에
불나비처럼 모여 들었던 동지들
진혼곡을 부르며 컵라면에 독한 소주를 털어 넣고
이루지 못한 꿈에 시린 가슴을 칠 때도
몸속에 뜨거운 함성처럼 비 내렸다

빛바랜 간판의 불빛을 보고 들어간 여관
삐걱대는 낡은 침대

고른 숨소리로 잠든
녀석의 고단한 운동화를 나란히 놓아주고 나온 새벽
서늘하고 비릿한 공기가 폐부를 기웃거리는 종로의 좁은 뒷골목
편의점에서 컵라면의 마지막 면발을 건져 먹으며
부유(浮游)하던 사랑에 마침표를 찍을 때도
몸속으로 가늘게 흐느끼며 비 내렸다

습관적 다독거림,
따뜻하게 목구멍으로 넘어간다

사람

종이에 사람 人자 쓰고 보니

길게 늘어진 왼쪽 획
다리에 바짝 힘주어 밀고 있는 오른쪽 획

자기의 짐까지 더하여 누르는
허름한 됨됨이
땅에 붙어 짧아지는
선 선 선
한 점일 때까지 눌리면
덩실 춤추며 일어설 수 있을까

약한 자가 강한 자를
노동자가 사용자를
더 많이 가진 자를 더 적게 가진 자가
떠받치는 인류의 인류의 인류

지면(紙面) 뒤쪽

획의 기울기는 반대이기도 하니
땅에 발 딛은 내가
하늘의 기상을 꿈꾸는 나를
서로가 서로를 향하여

꽃을 던지다 돌을 던지다
돌을 던지다 꽃을 던지다

우리, 안녕하십니까?

— 자동세차장에서

지구가 돈다는데
나는 돌지 않았다
브레이크는 걸렸고
시동은 꺼져 있는데
블랙홀에라도 빠져든 듯
깊은 바다 속에 빠진 듯
자궁 안 태아처럼
공기주머니를 달고 있는 물거미
차창 밖 거품 공포
부풀리고 부풀려서 펑펑
아버지도 어머니도 딸도 터져버린
누구도 믿을 수 없는
진영 안 진영 속에서
촛불은 그럼에도 밝혀야 한다고
흔들리면 죽는다
흩어지면 죽는다
저들이 노리는 분열을 분열시켜야 한다고
거대한 브러시가 묵은 때를 닦고

세찬 물대포
거센 바람
탈탈탈탈
더 이상 털릴 게 있을까

아, 숨 좀 쉬자

신발을 털며

산을 한 바퀴 돌고
흙먼지털이 기계 앞에 선다
신발을 털다 보게 된 바닥

요철무늬마다 자그마한 돌멩이
나뭇가지며 지난가을의 밤 껍데기까지
옴팡지게 박혀 있다

나도 모르는 사이
이만큼의 무게를 달고 다닌 것

폭풍으로 가차 없이 털어내고
손톱 밑 아픔도 참으며 파내고
한결 가벼운 걸음으로

남은 길을 걷는다

링링 지나간 후

아침,
개를 산책시키고
커피 한 잔 앞에 놓고 이렇게 끄적이고
매미 울고 귀뚜라미 울고 새가 지저귀고
다시, 일상이다

아직 일상이 되지 못한 이들에게
괜스레 미안해지는

사거리에는 순서가 없다

진눈깨비 무섭게 날리는 밤
인적은 뜸하고
우산의 곡선만큼 움츠러든 어깨
아파트 단지 사이 큰 사거리
허공에 떠 있는 느낌으로 건널목에 서 있다

신호등 불빛 바뀌고
3단지에서 4단지 쪽으로 걸음 옮긴다
비극은 희극처럼 온다고
4단지 2단지 사이 비탈진 도로를 달리던
빨간색 치킨 배달 오토바이
굉음과 함께 펭귄처럼 미끄러지면서
방향 틀어진다

머리카락이 산산이 뽑히듯
소름이 돋고 심장은 출렁다리 위를 걷는다
한두 걸음 전 지나온 길
자작나무 같은 젊은 남자 튕겨져 내 앞에 처박힌다

남자의 손을 벗어난 우산이 비명을 지르고
몸에서 이탈한 안경은 붉게 자지러진다

환자 싣고 떠난 구급차 바퀴 자국 위로
눈은 쌓이고
가로등 불빛에 불나방이듯
몰려드는 눈발들

나는 순서를 모른 채,
사거리에 서 있다

뒤꿈치

말랑말랑한 우주 있었지
둥글게 말아 쥔 엄지와 검지 사이 쏙 들어와
한입 베어 먹고 싶은
도화 빛 촉촉이 머금은
연하고 연한 살 있었지
진흙밭 꽃밭 걷지 않은
숫눈 같은
눈부신 낙원 같은

검정색 양말 속 살비듬들
물기 빠져나가 쩍쩍 갈라진 틈
용광로처럼 뜨겁고 붉은 길
살도 아닌 살
쭈그려 앉아 깎아내고 도려내다
끝내 피를 보고 마는

먼 길 걸어와 등 구부리고
이 또한 열심이다.

신세계

수년을 잠자던 운전면허증

나이 마흔에 내가 나에게 선물한 중고차

심장이 하늘을 삼킬 듯
쿵쾅거리고 입술은 달싹여지고
손발은 덜덜 떨리는데

운전대 잡고
일 킬로미터도 안 되는
동네 마트 다녀오는 길
나는 진정한 용기에 대해 생각한다

빛을 보지 못한 온갖 두려움에서
뭉그적거리는 핑계 많은 소심함까지
내 안, 극복해야 할 무수한 나

신세계가 열린 날이다

점핑 소녀

아침 햇살이 마당으로 쏟아져 들어왔어
빗장을 걸면 대문에서 고요가 스미어 나와 마당으로 퍼졌지
연분홍 원피스를 입고 까만 에나멜 구두를 신고 일곱 살 계집아이는
둥글게 둥글게 지구를 한 바퀴씩 돌리고 있었지
숨 막힐 듯 가라앉은 집 안의 무게를 담장 밖으로 퍼내고 있었지

엄마가 소셋물을 들이면
종로 할머니는 하얀 면수건으로 고즈넉하게 얼굴을 찍어냈어
빗접에서 발 고운 참빗을 꺼내
경대의 거울을 보며 소리 없이 세월을 빗어 내렸지

햇살조차 까치발로 다니는 대청마루에 오도카니 앉아
일상이 감옥이 된 줄 모르고
궁궐의 비문들을 침묵으로 말리고 있었는지 몰라
쪽진 머리로 흘러내린 햇살은

신비스러워도 왠지 슬퍼 보이기도 했어
눈귀까지 거세당한 내관의 설움을 받아내던 사람
세상을 향해 빗장 걸고 밀랍인형이 된 것 같았지

나는 이대로 담장을 넘을래요
바닥을 힘차게 구르며
점핑! 점핑!
한 마리 나비로
담장을 넘을래요
점핑! 점핑!

혈연

그 집 마당은
그녀의 머리카락과 닮아 있습니다

우물가에 덕지덕지 붙은 마른버짐
어른 키만큼 자란 명아주며 며느리밑씻개며 애기똥풀이며
우기 지나 아무렇게나 자란 잡초들
난장을 만드는 데 모두 한 몫 합니다
깨진 댓돌 내려앉은 대청마루
빛바랜 저녁 바람에 날아온 먼지 기왓장에 쌓여 있습니다
그녀의 어머니는 갑작스런 방문에 찬 없는 끼니
상도 없이 내왔습니다
쉬쉬한 밥덩이 파리 떼가 먼저 달려듭니다
진물이 흐르는 처연한 눈빛
비윗장을 내려놓고 꾸역꾸역 맨밥만 밀어 넣습니다

오래 사용한 철수세미 같은 그녀의 머리에서
들깨 같은 이들 후두득 떨어질 것 같습니다
유난히 좋아한다는 말에 사 간

초코파이, 품에 안고
사금파리 박힌 하늘을 지붕 삼은 제 처소로 갑니다
어떤 상처였을까요? 그 밤 퍼런 멍이 들어 있습니다
시퍼런 달빛 아래 부스럭대고 까르륵대고
그녀, 초코파이와 어떤 달콤한 밀어를 속살대는지
엿듣느라 잠을 이루지 못합니다
그녀의 웃음소리와 함께 푸르스름한 새벽이 넘어옵니다

그 집 마당의 잡초들
아침 햇살을 받아 싱그럽습니다

해우소(解憂所)

여가 내 불덩이 식히던 곳 아이가

농사일에 생땀 빼고 들가면
느그 할무이는 방 한가득 퀴퀴한 똥깐을 만들어 놨재,
느그 아부지 그 인사는 읍내 여시한테 홀려 얼굴 보기 어렵재,
느그들은 다 타지로 나가 있으이 내 불덩인 어데 가서 식히건노
뒷집 미자 어무이랑 여 와서 서로 속 끓는 야그하고
펄펄 끓는 몸뚱인 이 물속에 담가 식히곤 했재
뭐 우리만 그랬건노 시상사 이런저런 속앓이 읎는 사람이 읎재
그래도 다 살아가는기라

이렇게 불덩이 식힐 곳 안 있나

후

솔바람 따라
마곡사 가는 길은
철 지난 계절이에요
붉은 단풍 길을 걷고자 했으나
이미 때를 놓쳤네요
해탈문과 천왕문을 지나
대웅전 뒤편으로 야트막한 산길 따라
고요를 뚝뚝 떨어뜨리며 걷네요
후회가 바닥을 뒹굴고
적막이 감도는 요사채 입구
아름드리 단풍나무 한 그루 서 있는 담장
그 밑으로 지난 계절의 이야기가
수북이 쌓여 있고
댓돌 위 가지런히 놓인 하얀 고무신 위로
붉은 단풍잎이 살포시 누웠네요

우리의 계절은,
언제나 조금 늦더군요

눈물이 필요한 이유

명자나무 잎이 무성합니다

꽃은 언제 폈다 졌을까요?
어떤 향기가 났을까요?
길을 걷다 언뜻
본 것도 같습니다

떨기마다 우거진 잎에는
먼지가 쌓여 있습니다
빛바랜 일상들이 줄기를 붙들고
축 처져 있습니다

언제부터 마음에
먼지가 쌓였는지 모르겠습니다

걸음을 멈춰
지친 어깨의 먼지를 미리미리
털어주지 못해 미안합니다

오늘, 명자나무 잎이
유난히 반짝이며 맑게 웃는 것은
어제 비가 내렸기 때문입니다

I

문 안의 아이
문 밖의 아이
그 경계의 아이
하늘을 떠받치는 아이
둥근 땅을 힘주어 딛고
굳건히 서 있는 아이
능선 따라 즐비한
나무 닮은 아이
아이는 아이를 아이가 아이를
둥글게 둥글게 어깨동무 하고
하나 되는 지구 위
무수한 아이
그 중의 한 아이
오직 하나인
아이

제3부

무딘 칼

무딘 칼로 손목을 그어 봤지
무딘 칼
무딘 칼이어도 두려움 있었지
죽는 건 쉽지 않아
쉽지 않은 걸
무딘 칼로
알았지

서슬 퍼렇게 벼리지 않은 건
죽음보다 삶에 무게를 둔,
모두가 버리고 간 깡시장 바닥에서
이삭줍기를 하면서도 살아야 했으니
살아서 증인이 되어야 했으니
산다는 건 그 무엇보다 소중한 것이니

무딘 칼 하나쯤은
지니고 있어야지

사춘기

쩍쩍 얼어붙었지
방문 손잡이가
티브이 수상기가
밤사이 쥐가 파먹고 간 분홍 세숫비누가

청춘의 꿈조차 얼어붙는
결빙의 시절

영양가 없는 빨간 돼지를 품고
홑겹데기로 옥탑 집을 나간 나의 피붙이
어느 거리에서
얼어붙었을까

쥐똥같이 생겨나는 이야기
세상에 알려지면
죽어도 좋다고
겁 없이 다짐했지

노을 앞에서
벌겋게 발칙해져 갔지

용서

넓은 지붕입니다
따뜻한 손길입니다
맘껏 뛰어놀 수 있는 마당입니다

당신은,
한없는 사랑입니다

내 손을 놓고
다른 방향의 열차를 탔지만
그건 당신 잘못이 아닙니다

잠깐씩 정차하는 플랫폼마다
아득해진 철로를 보며
내 유년의 향기에
눈물 흘리기도 했을 겁니다

다음 열차에 오를 땐
내가 당신 손을 꼬옥 잡고

같은 열차
같은 풍경을 볼 수 있는
자리에 앉아
고운 주름을 닮아가고 싶습니다

식탐

개골창 소리 나는 허한 속을 채우는 건
시어빠진 김치
쫑쫑 썰어 넣고 끓인 국수나
보리가 더 많이 섞여
푸들푸들한 밥이
전부인 시절이 있었다
뭐든 먹고 배만 부르면 됐는데 그러면
얼굴에 핀 하얀 버짐이 벙싯 웃는데
쉽게 꺼지는 배는 이상도 했다
가난한 밥상에
어머니의 부재는
더욱 허기를 느끼게 했는데

어른이 된 후에도
음식 앞에서 허둥대는 건
그 허기가 채워지지 않고 있기 때문인데

흉터

바람이 전하는 말로도 알 수 없는

우두커니 바라본 허공에선
식은 밥알 같은 눈발 날리고
추위로 모여든 머릿니들이 점령한 빨간 영토
말라가는 여린 줄기
발목 위에서 각혈하듯 뜯겨지는
동백꽃,
그 붉은 꽃살

환지통처럼 찾아오는
인장으로 박힌 내 유년의 상흔
계절이 흘러도 다시 피지 않는

꽃 진 자리

틈

엄지손톱 끝
살과 살
지문이 갈라졌다

계절이 영하의 옷을 껴입고
동면에 들 즈음
우리의 눈물은 얼어버렸다

조심스럽게 두드리는 모스부호처럼
말을 더듬는 건
잘못 전달될 나의 뜻이 두렵기 때문
당신이 받아들인 건
당신의 생애가 만들어낸 틀

함께하지 못한 삶 속에서
우리가 좁혀나가야 할
틈
빨갛게 갈라졌다

갈라져

눈물을 원한다

꽃잎이 졌을 뿐

달라진 것
바뀐 것
아무것도 없어요
그저 꽃잎이 졌을 뿐

꽃 진 자리가
꽃자리라는 걸 알고부터
눈물 나도록 고맙게
말하고 싶어요

한철 고운 계절이 가도
오래도록 아름다울 수 있다는 걸

씨방에서 조용히 피어난
암술 수술
팡팡 꽃밥을 터뜨리고
꽃자루와 꽃받침이 의지한
든든한 줄기의 싱그러운 인내를

우리는 배우게 되겠죠

화사한 꽃잎만 볼 때보다
나는 아주 조금 컸나 봐요

안개 속에서

장마철, 잠시 하늘이 숨을 고르는 한때

떨어져 살아온 세월만큼
아득한 사이를 좁히기 위해
물먹은 도로를 달리다가 대관령 초입에서 만난 안개
내부로 들어갈수록 짙어지는 미립자 속에서
알 수 없는 허기가 밀려온다
반대 차선에서 전조등 불빛이
입을 벌려 다가왔다가 멀어진다

미궁을 헤매듯 생은 모호하고 낯설다
구릉을 넘어 깊숙한 고래 뱃속 같은 목장 입구
안개가 걷히기를 기다리는 인내심 많은 사람들
봉분 같은 자동차 사이를
유령처럼 떠돌며 는개에 젖는다

드넓게 펼쳐진 목장
풀을 뜯는 양떼가 안개 속에 있음을

굳이 좁히려 애쓰지 않아도
우리는 흘러가는 세월 속에 있음을

안개가 시나브로 곁을 내주며 길을 낸다

어느 날의 환대

까치발로 걷게 되면 봄은 오는 거야
가만히, 가만히 귀 기울여 봐
안으로만 파고들던 생각들로 얼어붙은 땅
조금씩, 조금씩 문 여는 소리를
볕에 앉아 있으면 처마 밑으로 떨어지는 겨울의 끝물
쫑긋쫑긋 귀 세우며
조심스럽게 마음 열어 보이기 시작하는 새순들

밥알보다 시래기가 더 많이 담긴 바가지
떡 진 머리를 처박고 더운 김을 불어대며
툇마루에 앉아 허기를 채우는 거지 여자
겹겹이 때 묻은 옷가지를 두른 여인의 둥근 배
뜨끈한 숭늉까지 한 대접 퍼다 주시는 할머니

음지에 남은 잔설 더미는 왜 눈물을 흘릴까
질척이는 땅을 사방치기 하듯 내딛던 마당
순하고 순한 영혼들이 아지랑이로 속삭인다
더 이상 소금으로 이를 닦지 않아도 될 즈음

벙어리장갑

첫눈 오는 날
꺼져가는 빛이 소녀에게 왔다
연분홍 털 뭉치 같은
생쥐 새끼 한 마리 마루 밑에 웅숭그려 있다
소녀는 멀리 떠나려는 목숨에
숨을 불어넣으려
벙어리장갑을 내준다
학교 앞에서 서성이던
엄마가 주고 간 장갑
솜털 한 올 한 올 쓰다듬으며
자장가를 부르고
따뜻한 입김을 불어넣는다
목덜미에 잔소름이 돋고
잿빛을 띠지 못한
어린 것의 목숨이 위태롭다
기꺼이 장갑을 내어준 소녀
파란색 벙어리장갑 속으로 들어가
함께 눕는다

故 손봉기 님을 아시나요?

들꽃으로 사셨던 분
들꽃도 뿌리가 있고 씨가 있어 일가를 이루었다는데

충청북도 영동에서 촉망 받는 영농후계자로 비닐하우스 신농법 기술 배워 마을 입구에 자랑스러운 이름 석 자 걸리기도 했다는데 태풍에 비닐하우스 찢겨지고 엿가락처럼 휘어져 너덜너덜 날려먹고, 또 날려먹고 살림도 너덜너덜, 세 살 막내까지 자식 다섯을 급하게 보자기에 싸 영동에서 김천으로 김천에서 강릉 가는 열차 타고 철암까지 철암에서 황지까지 버스 타고 태백 탄광촌으로 숨어들었다는데

방 두 칸에 열 평도 안 되는 사택 사는 친척집에
방 한 칸 얻어
일곱 식구 윷가락처럼 모로 누워
돌아눕지도 못했다고

숨 막히는 컴컴한 갱도로 포승줄에 묶인 죄수들처럼 줄줄이 들어가는 것은 죽기보다 싫었지만 올망졸망 열 개의 별빛

들을 날바닥에서 일으켜 세우는 게 더 중했다고, 크고 작은 사
고들이야 다반사 십여 년 지난 어느 날 막장 무너지는 큰 사
고로 몇은 죽고 맨 마지막에 죽탄 뒤집어쓰고 검은 횃불로 사
람까지 구해 나왔다고

그 후
한 달이면 열흘쯤 일하고 내내 술로 사시다가 돌아가셨는데
제대로 된 보상조차 받지 못했다는
시아버님

이 땅,
한반도 곳곳에
들꽃으로 뿌리내린 역사가
오늘도 만발하는데

미덕 패러다임

연분홍 패랭이 꽃잎 같은
손톱 깎아주다 붉은 피 맺히고
자지러진 울음 달래러 등에 업고 나와
가을걷이 끝난 빈 논둑을 휘청휘청
그렇게 걸으면서, 그러면서였을까
말을 몸 안에 묻기 시작한 것이

여자에게 한 시대의 미덕은 그랬다
지척에 작은 집을 두고 오가는 남편의 무례함 앞에서도
까다로운 시모의 발이 고운 모시옷을 손질하면서도
부뚜막에 서서 눈칫밥을 먹으면서도
목소리는 없었다

삶의 찌꺼기를 토끼 똥처럼 꺼내놓던
조모의 주검에서 목소리를 기억하려 했으나
세상으로부터 거두어들인 음성은
연못 밑바닥에 켜켜이 쌓인 진흙 같아서
언제부터였는지 기억에서 지워졌고

안으로만 파고든 생각들은 검버섯을 피워냈는데

죽음 앞에 정작 눈물이 나지 않는 내가 낯설고
문상객들이 쏟아내는 비통함 또한 낯설어서
상가를 벗어나 걷다 바라본 하늘엔
무슨 별들이 하 많은지
속울음이 왈칵 쏟아질 듯 박혀 있다

오늘, 활을 쏘았습니다

십이 년 벼르고 벼린
아니 더 오래 담금질했을
수능 시험 보는 날

화살은 활시위를 떠났습니다
중심에 적중할 수 있을까요
심장이 두근거립니다

오른손 왼손 정성들여 맞잡고
촛불 앞에 앉아 기도합니다
우리의 기도가 보편적이기를 바라지만
누군 웃고 누군
옥상에서 아찔하게 울겠죠
이것으로 시험은 끝났을까요

고단한 숨,
건조한 눈동자는
언제 쉴 수 있을까요

달팽이집 속으로 들어가
쉼표를 찍더라도
동전의 양면처럼
숫자판에서나
그림판에서나
꽃을 피우며 살아갈 수 있는 세상은 올까요?

밥집에서

이쪽에서 저쪽을 봅니다. 사철나무 숲이 보이고 농사 끝 한 무더기 쓰레기 더미가 보이고 한창 건축 중인 건축물이 보이고 건축자재가 쌓여 있는 게 보입니다. 뒤돌아서서 이쪽을 봅니다. 잘 가꾸어진 정원의 소나무들과 가을이면 잔잔한 바람결에 몸을 맡길 핑크 뮬리가 잠들어 있는 산책길을 봅니다. 이천여 개의 항아리가 자리 잡은 장독대가 보입니다. 장독대 항아리마다 진실이 있을까 의심스럽습니다. 사실에 직면했을 때 당혹감이 나를 병들게 합니다. 가만히 들여다보고 있노라면 속이 보여 놀래거나 슬퍼질 때가 있지요. 지구 반대편 누군가는 온 우주를 품은 듯 돌출된 눈동자가 아무것도 모르고 고통에 떨고 있는데 눈곱에 입가 침에 붙은 파리가 슬픔을 짜 먹고 있는데 소유는 더 많은 소유를 먹고 살지요. 인간이 참으로 딱하다는 생각이 아니 들 수 없으니 이 밥집 어떡하면 좋을까요? 우린 왜 이 집에 밥을 먹으러 먼 길을 달려왔을까요?

헛배가 부릅니다.

제4부

연초록 꽃

어머니는 말씀하셨지요
봄엔 모든 게 꽃이라고
가만히 들여다보면
꽃 아닌 게 없다고

생명의 노래

저수지 바닥이 드러나 굵게 주름지고
여물지 못한 농작물이 노랗게 빈혈로 쓰러진 땅
정수리에 비 맞으면 오르가즘을 느낀다며
하얗고 고른 이빨에 사슴 같은 눈망울로
사뭇 진지하게 고백하던 녀석

빳빳한 성기가 죽고
달을 채운 자궁이 기울고
이 땅의 어머니들은 온힘을 다해 생명을 낳고
죽음의 길을 통해 우리는 살았다

창으로 부딪쳐오는 저 수많은 하강의 죽음들
어느 곳에선 목마른 땅을 적시는
삶의 한 획들이기에
일상의 죽음들이 또 다른 생명을 위한 노래라면
기꺼이 내 시간을 거기에 충돌할 것이니

더 붉게 더 노랗게 물드는 선율은

겨울을 위한 전주곡
봄을 위한 작은 죽음일 뿐

산그늘

산이 높다고도
산이 깊다고도 한다

수항계곡에 자리 펴고 누워
우물 같은 하늘 바라보니
높은 만큼 골짜기는 깊어
품고 있는 그늘도 깊은데

암벽 사이 뚫고 나온 질긴 푸르름이
그늘을 더하고

큰 사람일수록 속이 깊어
헤아릴 수 없듯
아늑하고 고요한 평온이
그늘에 물들어

나도
깊은 산이고 싶다

저수지가 내려다보이는 야트막한 산중턱에 앉아

어제 내린 비로 날이 참 좋아
파란 하늘 하얀 구름이 산뜻해
좌대 의자에 앉아 시간 낚는 사람들
무성영화의 한 장면 같고
멀리 녹음 짙은 산봉우리 뒤로
또 다른 봉우리들 겹겹이네
수초 위로 새들이 음표 그리듯 리듬 타고
뒤뚱거리는 날갯짓으로
물오리 날아오르네
아무래도 비행은 전공이 아닌가봐
건너편 숲에서 가볍게 날아올라
우아하게 비행하는
백로의 무게와 속도는 다르지
숲의 바람도 파도 소리로 경계를 허무는
느슨한 오후

비행

그물 날개가 음역을 넓혀가듯
허공을 휘젓는다
어지럽게 군무를 춘다
한바탕 춤이 끝나면
나뭇가지에 내려앉아 침묵 수행에 든다

온몸 세포를 곤두세우며
무단 잠입하는 정적
하늘 향해 돌출된
덜 여문 까마중 같은 몰입의 흔적, 움찔한다
호흡을 멈추며 산 그림자처럼 손을 뻗는 소년
날개를 잡아챌 찰나 바람이 된다
소리 없이 반복되는 전쟁

포로가 된 잠자리
다리는 허방다리질이고
빠져나갈 궁리로 흔들리는 머리통
손가락에 튕겨지고 몸통마저 던져지고

비행을 아는지 모르는지
소년 까만 머리통을 돌려 가버린다

몰입의 흔적 허공을 비행한다

버즘나무의 비명

허리가 잘리고
뿌리까지 파내는데
어찌 저항이나 해보았겠나

수십 년 눈비 맞으며 길가에 섰어도
계절 바람에 영혼은 자유로웠고
가지에 앉은 새들과 마음도 나누었지
건물 사이 인사하는
해와도 절친한 사이가 되었다네

버즘 핀 몸 미치도록 가려워
배배 꼬이고 피딱지 꽃 폈지만
같은 모양으로 서 있는 이웃과
행복할 수 있었다네

모두가 잠든 밤에
도둑고양이처럼 저들은 왔다네
습격당한 건 나만이 아니라네

곡괭이가 다리를 찍었고
삽이 심장을 파냈네

손 없는 나는 속으로만,
속으로만 통곡했다네
더 기막힌 건,
우리를 심은 건 바로
저들이라는 사실이네

힘

바쁜 출근길
개 한 마리, 시간을
베어 먹는다

편도 1차선 도로 한가운데
똥 한 덩이 눌 요량으로
빙글뱅글 엉덩이를 돌려대며
엉거주춤 자리 잡는다

주위 시선 아랑곳없이
시원하게 제 볼일 본다

네 발 달린 개
네 발 달린 자동차들의
발을 묶는다

천년 향기

— 월정사 전나무 숲길

온 우주의 문을 활짝 열어놓은 듯
월정대가람(月精大伽藍) 일주문으로 들어서는 순간
나는 산도(產道)를 뚫고 태어난 것인지
한 알 씨앗이 된 것인지
수행자의 상아(詳雅)한 비질이 품은 숨결
맨발로 전해져 오는 다지고 다져진 흙의 기운
살과 살이 맞닿는 부드럽고 상쾌한 몸살
하늘 향해 뻗은 아름드리 전나무 숲을
침묵 수행자 되어 걷노라면
온몸에 푸른 물이 들어
나는 한 그루 나무가 된다
금강교 밑으로 흐르는 우통수 물소리,
넉넉히 품는 사람 되라는 설법처럼 들리고
아리도록 차가운 물에 세족(洗足)하고
숲길을 돌아 일주문에 와 닿으면
순풍, 천년 향기로 세상에 던져진다

붉은 눈물

멀리 바라보이던 나지막한 산과 집들
허물리고
욕심과 욕망이 버무려진 아파트 숲에 막혀
모가지는 뒤로 꺾어지고
사방을 둘러봐도 심장 없는 벽들뿐
뿌리내리고 뻗어나갈
흙도 물도 없네

세상은 메말라가고
소박하고 야트막한 것들
콘크리트 숲이 되고 마는데

보도블록 틈
하늘 향해 개양귀비 꽃 한 송이
붉게 터지고

지나친 건기는 우기에 가깝다*는 시구처럼
툭, 건드리기만 해도 봇물 터지듯

넘쳐흐르리
지구라는 별
숨겨둔 눈물을 터뜨리리

---

*박선희 시인의 시, 「지나친 건기는 우기에 가깝다」 제목 차용.

하늘에 묻다

열린 창문으로
바싹 마른 몸이 들어왔다
철렁 내려앉는 가슴

여름을 휘휘 돌다
기별 없이 벽을 넘는다

어느 순간 비워지고 마는 몸

태양은 지구가 돌고
한 생은 계절이 돌고
어떤 목숨은 꽃이 피고 지는
한 시절로 끝나기도 하는데

꼬리 주름에 애틋함이 녹아들어
해거름은 열렬한 침묵을 원한다
멍든 하늘은 멀어지고
사이렌의 노래로 혼을 부르는 찬바람

연약한 날개
가슴에 빈손 모으고
열반에 든 잠자리
썩지 못하고 말라가는 가난한 여정

하늘에 고이 묻는다

외가

야트막한 외가 뒷산 오르는 길
숨넘어갈 듯 울어대는 매미 소리
사 이 사 이
햇살 부서지는 소리 요란하다
어지럽게 웃자란 잡풀
사 이 사 이
흐드러진 개망초꽃
누대 혈육의 잠실(蠶室)인 듯 고물고물 피어 있고
의식의 흐름은 꿈속을 헤매듯
한 폭 그림처럼 서서
햇살 소리 듣는다
더위를 식히기 위해
한달음에 뛰어들던 계곡물
자맥질로 먹먹하던 몸 안의 울림
천지사방 지칠 줄 모르고 뛰놀던
치자꽃 향기

눈 오는 날

경쾌하고 가볍게

그러면서 조심스럽게

주저주저하면서

약간의 바람에도 어쩔 줄 몰라

까르르 웃는 발랄한 소녀처럼,

주상절리 같은 빌딩 숲

소복소복

살이 쪄 가네요

한 점 물방울

설악산에서였어
공룡능선을 타던 중
공룡의 어느 척추 뼈를 만났을 때였지
가쁜 숨을 몰아쉬며 오르고 내리고 더듬으며
거웃까지 젖은 멀미 직전
에고, 죽겠네!
도착한 지느러미 어디쯤
나를 허물고 아득하게 밀려들어 오는
밀물을 만났지
온몸 진저리치며 신음 소리 터졌지
잔잔한 바람 따라 흐르는 구름이
발기된 기암절벽을 부드럽게 감싸 안고
골짜기마다 경계를 허물고
사람들이 풀어놓고 간 이야기를
묵묵히 되풀어 올리는 짙은 속살의 안개
구름이 는개 되어 내리는
몽환적인 분위기에서
나는 한없이 작고 작아져

한 점 물방울로 떠돌았지
진정 살아있다는 희열을 안겨준
대자연 앞에서였어

맹꽁이 우는 밤

1

아파트 단지 주변
가로등 불빛 아래
운동 나온 사람들 간간히 보이는 길

오른쪽 다리와 오른쪽 팔이 함께
평생의 시간으로 건너오고 있다
왼쪽 다리와 왼쪽 팔이 함께
전생의 시간으로 넘어오고 있다

2

대머리산 밑으로
계단식 밭과 미나리꽝이 펼쳐진 들판
아이들의 푸른 웃음이 울려 퍼지고
좁은 두렁에서 올챙이 잡던 아이 미끄러져
신발 한 짝 잃고 진흙 범벅으로 돌아오던 길
엄마 오리 뒤를 뒤뚱뒤뚱 따라가던 아기 오리들

밤이 되면 시원한 빗소리로 들리던
살아있는 모든 것들의 화음 속에서
슬며시 잠이 들곤 했다

3
8차선 도로가 된 들판
냉이며 쑥을 뜯던 밭은 공원이 되었고
전쟁 한번 못하고 피신한 산
낮이 되면 등산객들에게
그곳마저 내줘야 하는 뜨거운 목숨들
눈에 밟혀 내딛는 발걸음이 결코 가볍지 않은데

대머리산보다 더 높은 아파트
달빛에 영토를 찾아 목숨 걸고 내려온
맹꽁이의 설움이 길을 내고 있다

농신(弄臣)

고수들 앞에서
겁 없이 까부는 토끼가 있다
쉴 새 없이 입을 오물거리며 두 귀는 쫑긋
근시안의 눈동자는 호기심으로 빨갛다
뭘 좀 안다고 떠들어대는 것
침묵으로 일관하는 것
모두 조심스럽다는 걸 알지만
우스워 장난이 치고 싶어
가볍게 가볍게
깡총깡총 뛰어오르고 싶어
삶은 가볍거나 때론 진지한 법
가끔 맹랑하게
간지러운 곳을 긁고 싶어
강림하는 농신(弄臣)
총 깡 총 깡

해설

노동의 시간, 그리고 도래할 미래

— 강수경 시집, 『어제 비가 내렸기 때문입니다』 읽기

오민석 문학평론가·단국대 교수

1.

강수경의 시들은 다양한 지층(地層)들의 환유적 중첩으로 이루어져 있다. 강수경은 개체, 가족, 그리고 사회적 삶이 겹치는 공간에 주목한다. 모든 개체는 저마다의 단독성을 가지고 있지만, 동시에 유적 존재(Gattungswesen)로서 다른 개체들과 방대한 관계 안에 들어가 있다. 그리고 이 관계를 지배하는 거대한 시스템에서 벗어나 있지 않다. 강수경이 볼 때 인간의 유적 본질은 '노동'에 있다. 모든 인간은 생명의 유지와 욕망의 성취를 위해 노동을 하지 않을 수 없다. '노동하는 인간'이야말로 강수경이 바라보는 인간의 유적 자질이다. 인간은 노동을 통하여 자신의 목숨을 유지하고 가족을 꾸려나가며 노동의 사회성 혹은 정치성 안으로 들어간다. 노동을 중심으로 벌어지는 이 환유적 동심원들이야말로 강수경 시의 구조이다.

말랑말랑한 우주 있었지
둥글게 말아 쥔 엄지와 검지 사이 쏙 들어와
한입 베어 먹고 싶은
도화 빛 촉촉이 머금은
연하고 연한 살 있었지
진흙밭 꽃밭 걷지 않은
숫눈 같은
눈부신 낙원 같은

검정색 양말 속 살비듬들
물기 빠져나가 쩍쩍 갈라진 틈
용광로처럼 뜨겁고 붉은 길
살도 아닌 살
쭈그려 앉아 깎아내고 도려내다
끝내 피를 보고 마는

먼 길 걸어와 등 구부리고
이 또한 열심이다.

—「뒤꿈치」 전문

이 시는 유적 존재로서의 인간이 어떻게 노동의 시간을 보내고, 늙어가며, 그 경험을 몸에 기록하는지 잘 보여준다. 연하고 부드럽고 "말랑말랑한 우주"는 오랜 노동의 시간을 거쳐 갈라지고 "끝내 피를" 보고 만다. "도화 빛" 뒤꿈치가 "먼 길 걸어" 메마르고 딱딱한 굳은살로 변화는 과정이야말로 '노동하는 인간'들의 보편적 생애이다.

텁텁하고 시그무레한 막걸리
찌그러진 양은 주전자에 퍼 담겨 상에 오르면
칼칼한 하루의 체중이 꺼억!
트림으로 풀린다
검지중지 잘려 나가 마디 없는 손으로 입가를 훔치는 프레스공
재봉틀 돌리는 솜씨로 막걸리 잔을 돌리는 봉제공장 미싱사들
털어내고 왔음에도 실밥이 어깨 위에서 분위기를 살피고
목구멍을 간질이는 미세먼지
왁자한 입담으로 드르륵 박힌다

—「시골막걸리 집」 부분

강수경의 시에 나오는 인물들을 보편적 존재로 만드는 것은 바로 '노동'이다. 긴 하루의 노동을 끝내고 "시골막걸리 집"에

서 한잔하는 노동자들의 모습은, 노동자들의 진짜 "삶이 노동 현장이 아니라 노동이 끝나는 곳, 즉 퇴근 후의 선술집이나 저녁 식탁에서, 그리고 침대에서 시작된다."는 마르크스의 전언을 떠올리게 한다. 강수경은 모든 삶의 근저에 생계를 위한 보편적 노동이 존재하되, 그것이 거대한 시스템 안에서 작동될 때 소외, 착취, 불평등, 세대에 걸친 가난 등의 사회적 문제들이 생겨남을 정확히 읽어낸다.

약한 자가 강한 자를
노동자가 사용자를
더 많이 가진 자를 더 적게 가진 자가
떠받치는 인류의 인류의 인류

—「사람」 부분

노동이 왜곡될 때 '밥벌이'는 회피할 수 없는 지옥으로 변한다. 한나 아렌트(H. Arendt)는 이런 점에서 '노동(labour)'과 '작업(work)'과 '활동(action)'을 구분한다. 그에 의하면 '노동'이란 먹고 살기 위해 불가피하게 하는 일을 의미한다. 이런 노동은 유적 존재로서의 인간의 존엄성을 보장하지 않는다. 그것은 인간을 '짐승'의 단계로 끌어내린다. '작업'은 생계를 위한 노동을 넘어 자신의 꿈과 세계를 성취하기 위해 하는 일로서, 문학, 예술, 철학 등 정신의 영역을 포괄한다. '활동'은 '노동'과 '작업'

을 넘어 공동체의 문제를 해결하기 위한 정치적 행위를 포괄하는 개념이다. 노동에서 작업으로, 그리고 작업에서 활동으로 넘어갈수록 유적 존재로서의 인간의 삶은 더욱 숭고해지고 풍요로워진다. 아렌트의 이런 분류는 인간의 삶의 근본적 속성이 노동에 있으며 그 노동이 그야말로 '인간적'인 것이 되려면 밥벌이를 넘어 문화와 정치적 지평으로 건강하게 확산되어야 한다는 주장을 담고 있다.

강수경의 시들이 모두 노동의 주제를 담고 있는 것은 아니다. 가령 그는 실존적인 고뇌를 다루기도 하고, 처연하고도 아름다운 자연을 그리기도 하고, 상처와 눈물로 채워진 가족사를 여러 시편에서 보여주기도 한다. 그러나 강수경은 이 모든 삶의 배후에 노동의 문제가 도사리고 있음을 잘 알고 있다.

칸칸이 붙어 있는 쪽방 앞
뒤꿈치 구겨진 때 절은 신발들 흩어져 있고
물비린내 풍기는 공동 수돗가로
아스라이 달빛 비친다
가끔, 고혈이 푸르게 뚝뚝 떨어진다
달빛에 담긴 파란 바가지 구름처럼 떠 있고
물때 낀 빨간 고무대야에 붙어
아슬아슬 달빛 줄기를 탄다

—「민달팽이」 부분

강수경 시인은 민달팽이 같은 자연물을 볼 때도 '사회적 가난'의 문제를 읽어낸다. "때 절은 신발들", "공동 수돗가", "고혈"로 이루어진 주거지에서 "아슬아슬 달빛 줄기"를 타고 가는 "민달팽이"는, 알몸 외에 아무것도 없는 가난한 주체의 상징이 아니고 무엇인가.

신호등 불빛 바뀌고
3단지에서 4단지 쪽으로 걸음 옮긴다
비극은 희극처럼 온다고
4단지 2단지 사이 비탈진 도로를 달리던
빨간색 치킨 배달 오토바이
굉음과 함께 펭귄처럼 미끄러지면서
방향 틀어진다

머리카락이 산산이 뽑히듯
소름이 돋고 심장은 출렁다리 위를 걷는다
한두 걸음 전 지나온 길
자작나무 같은 젊은 남자 튕겨져 내 앞에 처박힌다
남자의 손을 벗어난 우산이 비명을 지르고
몸에서 이탈한 안경은 붉게 자지러진다

—「사거리에는 순서가 없다」 부분

시인은 한 배달노동자의 비극적인 사고를 사실적으로 묘사하면서 "사거리에는 순서가 없다"는 제목으로 이 사건의 우연성에 짐짓 방점을 찍고 있는 것처럼 보이지만, 사실 그의 시선은 이미 노동과 생계와 가난의 문제에 깊이 들어가 있다. 시가 세상의 모든 것을 다룰 수는 없으므로, 시인은 항상 다양한 선택과 배제를 하지 않을 수 없다. 그리고 이 선택과 배제가 시인의 세계관을 구성한다. 강수경 시인의 시선은 노동과 가난과 불평등과 사회적 정의의 문제, 그리고 결국 이런 것들의 순열 조합인 인간의 실존을 향해 있다.

2.

2부와 3부의 많은 시편은 가족사를 담고 있다. 시인의 내밀한 가족 이야기가 시적 다의성과 결합할 때, 날것으로서의 가족사는 있는 그대로 드러나지 않는다. 그러나 강수경이 여러 시편에서 반복해서 드러내는 가족 서사의 구조는 크게 가난과 가부장제의 유기적 결합으로 이루어져 있음을 알 수 있다. 경제적 모순과 성적 모순의 이중 굴레에서 가장 큰 고통을 당하는 사람들은 여성들이다.

여가 내 불덩이 식히던 곳 아이가

농사일에 생땀 빼고 들가면
느그 할무이는 방 한가득 퀴퀴한 똥깐을 만들어 놨재,
느그 아부지 그 인사는 읍내 여시한테 홀려 얼굴 보기 어렵재,
느그들은 다 타지로 나가 있으이 내 불덩인 어데 가서 식히건노
뒷집 미자 어무이랑 여 와서 서로 속 끓는 야그하고
펄펄 끓는 몸뚱인 이 물속에 담가 식히곤 했재
뭐 우리만 그랬건노 시상사 이런저런 속앓이 읎는 사람이 읎재
그래도 다 살아가는기라

이렇게 불덩이 식힐 곳 안 있나

—「해우소(解憂所)」 전문

이 시의 화자인 어머니는 허구한 날 "농사일에 생땀"을 흘려야 하고, 남편의 바람기를 견뎌야 하며, 늙은 시어머니의 병시중을 들어야 한다. 그러니 가슴속에 "불덩이"를 안고 살아야 하는데, "세상사 이런저런 속앓이 읎는 사람이 읎"다고 체념하며 그런 고통을 견딘다. 여기에서 어머니의 '일'은 보상 없는 '노동'으로 전락하며, 아무런 '작업'의 성취감을 가져다주지 않는다. 강수경이 이렇게 텍스트의 표면에서 '노동'을 직접 언급

하지 않을 때도, '노동', 그리고 그와 연관된 가난은 강수경이 배열하는 모든 서사의 근저에 깔려 있다.

> 개골창 소리 나는 허한 속을 채우는 건
> 시어빠진 김치
> 쫑쫑 썰어 넣고 끓인 국수나
> 보리가 더 많이 섞여
> 푸들푸들한 밥이
> 전부인 시절이 있었다
> 뭐든 먹고 배만 부르면 됐는데 그러면
> 얼굴에 핀 하얀 버짐이 벙싯 웃는데
> 쉽게 꺼지는 배는 이상도 했다
> 가난한 밥상에
> 어머니의 부재는
> 더욱 허기를 느끼게 했는데
>
> 어른이 된 후에도
> 음식 앞에서 허둥대는 건
> 그 허기가 채워지지 않고 있기 때문인데

—「식탐」 전문

이 시의 배경도 여전히 "가난한 밥상"으로 요약된다. 가난한 밥상이 "더욱 허기를 느끼게" 하는 이유는 "어머니의 부재" 때문이다. 여기에서 '부재'의 구체적인 내용은 생략되어 있다. 그러나 가뜩이나 견디기 힘든 가난에 어머니의 부재가 보태지면서 화자의 "허기"는 더욱 깊어진다. 문제는 이런 "허기"가 "어른이 된 후에도" 여전히 채워지지 않고 있다는 것이다.

환지통처럼 찾아오는
인장으로 박힌 내 유년의 상흔
계절이 흘러도 다시 피지 않는

꽃 진 자리

—「흉터」 부분

"환지통"(幻肢痛)의 사전적 의미는 "팔다리를 절단한 환자가 이미 없는 수족에 아픔과 저림을 느끼는 현상"을 의미한다. 생물학적 '노동'과 가난, 그리고 가부장제로 뒤틀린 과거("유년")는 이미 지나간 일임에도 불구하고 계속 화자의 아픔으로 남아 있다. 그것은 오랜 "흉터" 혹은 "인장"의 형태로 여전히 살아있는 '현재'이다. 그것은 시간이 흘러도("계절이 흘러도") 다시 꽃을 피워내지 못하는, "꽃 진 자리"이다. '작업'이 아닌 '노동'은 이렇게 시스템 안에서 늘 반복되며, 한 가족 안에서 세대를 넘어 이어지는 경향이 있다. 한나 아렌트가 '활동'의

중요성을 강조하는 이유가 바로 여기에 있다. 일을 '노동'으로 전락시키며, 인간을 오로지 '밥벌이의 짐승'으로 만드는 것은 바로 자본의 시스템이다. 자본은 다수 대중의 일이 '작업'이 되거나, '활동'으로 승화되는 것을 원하지 않는다. 자본주의는 압도적 다수가 '노동'의 기계가 될 때 유지된다.

3.

강수경 시인은 '노동'의 의미소(意味素)로 인간의 본질을 읽어내고, 그것이 시스템에 의해 어떻게 왜곡되며, 다수 대중을 고통스러운 긴 열차의 승객으로 만드는지 잘 알고 있다. 이런 점에서 강수경은 정확히 리얼리스트이다. 그는 누대에 걸친 고통과 슬픔의 연료가 '작업'과 '활동'으로 열리지 못한 노동, 그리고 그로 인한 치명적인 궁핍임을 외면하지 않는다. 그러나 '노동'을 넘어서 '작업'과 '활동'으로 가는 길은 지극히 어렵다. 시스템이 온갖 수단을 동원하여 그것을 제어하기 때문이다. 결국 '활동'의 의미는 한마디로 말해 시스템에 저항하는 것이다. 강수경은 결국 하위주체(subaltern)들의 광범위한 '연대', 즉 '활동'이야말로, '노동'을 '작업'으로 끌어올리는 유일한 길임을 안다. 인간의 '일'이 대가 없는 '노동'이 아니라 '작업'이 될 때, 비로소 유적 존재로서의 인간의 존엄성이 회복된다. '활동'은 '노동'이 '작업'으로 건너가는 통로이다.

세상에 빚을 지고 있는 거 같아
술잔 기울이는 일이 잦고
묵직한 것이 가슴에 매달려 훌쩍,
훌쩍이는데

누군가는 망루에 올라 목청을 높였지만
범람하는 소음 속에
절실함은 죽어갔고

통곡의 바다에 던져진 어린 국화꽃 지고
피는 일 없는데
컴컴한 속을 바라보는 건
남겨진 자에겐 살아도 산 것이 아닌 일

오직 휴대폰 불빛만이 째깍째깍 발걸음을 재고
칠흑 같은 자본의 아가리로 심장이 갈리어 들어간 청춘
그 청춘을 앞세운 어머니는
'위험의 외주화'를 막기 위해
슬픔의 동굴로도 들지 못하는데

참 세상 참 노동을 외치며
더러운 적폐와 괴물 같은

거대 자본주의에 침을 뱉는 투사들 앞에
작은 촛불 밝히며 함께하는 것은
더불어 사는 삶이
적어도 부끄럽진 말자는 것인데

—「양심에 대한 예의」 전문

이 시는 '노동'에서 '작업'으로 건너가려는 다양하고도 치열한 '활동'의 모습을 보여준다. 그리고 그런 '활동'이 좌절당함에도 불구하고 그런 활동을 지속하는 것은 그렇게 사는 것이 "양심에 대한 예의", 즉 최소한의 인간의 존엄성을 지키는 일이기 때문임을 잘 보여준다. 그렇다면 하위주체들의 다양한 연대의 동력은 무엇인가.

까치발로 걷게 되면 봄은 오는 거야
가만히, 가만히 귀 기울여 봐
안으로만 파고들던 생각들로 얼어붙은 땅
조금씩, 조금씩 문 여는 소리를
볕에 앉아 있으면 처마 밑으로 떨어지는 겨울의 끝물
쫑긋쫑긋 귀 세우며
조심스럽게 마음 열어 보이기 시작하는 새순들

밥알보다 시래기가 더 많이 담긴 바가지

떡 진 머리를 처박고 더운 김을 불어대며
툇마루에 앉아 허기를 채우는 거지 여자
겹겹이 때 묻은 옷가지를 두른 여인의 둥근 배
뜨끈한 숭늉까지 한 대접 퍼다 주시는 할머니

—「어느 날의 환대」 부분

하위주체들의 연대는 궁핍의 열차를 함께 타고 있다는 '감성의 배분'(랑시에르 J. Rancière), 그리고 거기에서 나오는 "환대"에서 시작된다. 그것은 매우 작은 일처럼 보이지만 '노동'의 겨울을 지나 거대한 '활동'으로 가는 "새순"이다.

첫눈 오는 날
꺼져가는 빛이 소녀에게 왔다
연분홍 털 뭉치 같은
생쥐 새끼 한 마리 마루 밑에 웅숭그려 있다
소녀는 멀리 떠나려는 목숨에
숨을 불어넣으려
벙어리장갑을 내준다
학교 앞에서 서성이던
엄마가 주고 간 장갑
솜털 한 올 한 올 쓰다듬으며
자장가를 부르고

따뜻한 입김을 불어넣는다

—「벙어리장갑」 부분

미셰 푸코(M. Foucault)의 용어를 빌면, 시스템이 하위주체들에게 가하는 통치의 방식은 근본적으로 '생명 정치(biopolitics)'이다. 정치는 하위주체의 몸과 생명을 담보로 가동된다. '활동'은 그렇게 해서 꺼져가는 생명의 생명성을 다시 복원하는 작업이다. "연분홍 털 뭉치 같은/생쥐 새끼 한 마리"의 생명을 살리기 위해 추운 겨울날 "벙어리장갑"을 내미는 "소녀"의 마음은, 생명 정치에 저항하는 새로운 생명 '활동'의 출발점이다.

어머니는 말씀하셨지요
봄엔 모든 게 꽃이라고
가만히 들여다보면
꽃 아닌 게 없다고

—「연초록 꽃」 전문

"봄"은 '노동'이 아니라 '작업'이 중심이 되는 '도래할 미래'의 상징이다. 그런 미래에 모든 주체는 "꽃", 즉 고귀하고 아름다운 존재이며, 그런 대접을 받는다. 강수경은 "꽃 아닌 게 없"는 미래를 꿈꾼다. 이 시집은 '노동'의 고통스러운 바닥에서 '작업'을 거쳐 '활동'의 존재를 소망하는, 사상과 감성의 복합체이다.

이 도서의 국립중앙도서관 출판시도서목록(CIP)은 서지정보유통지원시스템 홈페이지(http://seoji.nl.go.kr)와 국가자료공동목록시스템(http://www.nl.go.kr/kolisnet)에서 이용하실 수 있습니다.(CIP제어번호: CIP2020047019)

문학의전당 시인선 0332

어제 비가 내렸기 때문입니다

초판 1쇄 인쇄 2020년 11월 5일
초판 1쇄 발행 2020년 11월 12일
지은이 강수경
펴낸이 김석봉
디자인 헤이존
펴낸곳 문학의전당
출판등록 제448-251002012000043호
주소 충북 단양군 적성면 도곡파랑로 178
전화 043-421-1977
전자우편 sbpoem@naver.com

ISBN 979-11-5896-493-1 03810